The Last Light And Other Bilingual German-English Christmas Stories

Pomme Bilingual

Published by Pomme Bilingual, 2024.

While every precaution has been taken in the preparation of this book, the publisher assumes no responsibility for errors or omissions, or for damages resulting from the use of the information contained herein.

THE LAST LIGHT AND OTHER BILINGUAL GERMAN-ENGLISH CHRISTMAS STORIES

First edition. November 18, 2024.

Copyright © 2024 Pomme Bilingual.

ISBN: 979-8230350224

Written by Pomme Bilingual.

Table of Contents

Das Weihnachtsgeheimnis

Dr. Anton Weber war ein Mann der Gewohnheit. Als pensionierter Professor der Geschichte lebte er in einem kleinen, idyllischen Dorf namens Hohenschwangau, unweit des Schlosses Neuschwanstein. Sein Tag begann jeden Morgen um Punkt acht Uhr, wenn er seine kleine Tasse Kaffee in dem winzigen Café am Marktplatz trank. Danach schlenderte er zur örtlichen Bibliothek, wo er oft alte Bücher durchstöberte, die seit Jahren unbeachtet in den Regalen verstaubten.

Es war ein frostiger Dezembermorgen, als er in der hintersten Ecke der Bibliothek auf ein altes, gebundenes Buch stieß. Der Titel lautete „Die Geschichte der Bayerischen Soldaten", und das Erscheinungsdatum war kaum zu entziffern. Neugierig öffnete Dr. Weber das Buch und bemerkte ein vergilbtes Papier, das wie ein Brief zwischen den Seiten steckte.

Die Handschrift auf dem Papier war schwungvoll, die Tinte leicht verblasst. Die Worte „An meinen geliebten Lutz" waren ganz oben zu sehen. Seine Neugier war geweckt, und er begann zu lesen.

„Mein geliebter Lutz,

wenn du diesen Brief findest, hoffe ich, dass du gesund und wohlauf bist. Die Tage hier im Lazarett vergehen langsam, und die Wände sind kalt und leer. Doch meine Gedanken sind bei dir, besonders jetzt, wo Weihnachten naht.

Ich erinnere mich an unsere Abende am Glühweinstand auf dem Weihnachtsmarkt und an das Versprechen, das du mir gabst – dass wir eines Tages wieder dort sein würden. Ich hoffe, dass dieses Versprechen noch gilt.

Deine Therese."

Dr. Weber konnte sich nicht helfen; er fühlte sich plötzlich von einer seltsamen Wärme erfüllt. Wer waren Lutz und Therese? Hatte Lutz diesen Brief je erhalten? Lebte Therese noch, und was war aus dieser Liebe geworden? Ein geheimnisvolles Rätsel nahm Gestalt an, und seine ruhigen Tage in Hohenschwangau würden bald eine spannende Wendung erfahren.

In den folgenden Tagen durchstöberte Dr. Weber unzählige Dokumente in der Bibliothek und verbrachte Stunden mit alten Zeitungsausschnitten im Stadtarchiv. Schließlich fand er einen Hinweis auf einen Soldaten namens Lutz Schreiber, der im Zweiten Weltkrieg gedient hatte. Es stellte sich heraus, dass Lutz aus dem Nachbardorf Füssen stammte und tatsächlich mit einer Frau namens Therese verlobt gewesen war.

Doch das Schicksal schien grausam gewesen zu sein. Therese war verstorben, bevor Lutz aus dem Krieg zurückgekehrt war. Lutz, so hieß es, hatte nie eine andere Frau geheiratet und lebte zurückgezogen bis zu seinem Tod in den 1970er Jahren. Dr. Weber spürte eine traurige Romantik in dieser Geschichte, die die Zeit überdauert hatte.

Am Tag vor Weihnachten, dem Heiligabend, beschloss Dr. Weber, zum Weihnachtsmarkt in Hohenschwangau zu gehen, genau dort, wo Lutz und Therese ihre Abende verbracht hatten. Der Markt war lebendig, die Luft erfüllt von den Düften nach gebrannten Mandeln und Glühwein, und das Lachen der Menschen mischte sich mit der Musik.

Dr. Weber ließ seinen Blick schweifen und stellte sich vor, wie Lutz und Therese vielleicht einst Hand in Hand hier gestanden hatten, unter den funkelnden Lichtern des Marktes. Plötzlich entdeckte er an einem Stand eine alte Frau, die kleine geschnitzte Engel verkaufte. Irgendetwas an ihr kam ihm vertraut vor.

Er trat näher und fragte die Frau nach ihrer Geschichte. Sie stellte sich als Maria Schreiber vor – die Nichte von Lutz. „Ja, mein Onkel Lutz sprach oft von seiner Therese", sagte sie mit einem sanften Lächeln. „Er konnte sie nie vergessen, wissen Sie? Jedes Jahr zu Weihnachten stellte er einen kleinen Engel auf ihr Grab und sagte, dass sie ihn immer noch beschützen würde."

Dr. Weber spürte, wie sich ein Knoten in seiner Brust löste. Der Brief hatte Lutz vielleicht nie erreicht, aber die Erinnerung an Therese hatte ihn sein Leben lang begleitet. In diesem Moment beschloss Dr. Weber, dass der Brief nicht in der Bibliothek verstauben sollte. Er würde ihn zurückgeben – an Maria, die letzte lebende Erinnerung an Lutz und Therese.

Er zog den vergilbten Brief aus seiner Tasche und reichte ihn Maria. Sie sah ihn überrascht an, Tränen schimmerten in ihren Augen. „Das ist wirklich von ihr?", flüsterte sie. Dr. Weber nickte. „Es gehört in die Familie", sagte er leise.

Gemeinsam tranken sie Glühwein und lauschten den weihnachtlichen Klängen des Marktes. Sie sprachen über Lutz, Therese und die Geheimnisse, die das Leben manchmal für sich behielt. Für Dr. Weber war es der Beginn einer neuen Weihnachtstradition – die Erinnerung an vergangene Zeiten lebendig zu halten und die Liebe, die selbst der Lauf der Geschichte nicht auslöschen konnte.

The Christmas Secret

Dr. Anton Weber was a man of habit. As a retired history professor, he lived in a small, idyllic village called Hohenschwangau, not far from the famous Neuschwanstein Castle. His day began every morning at exactly 8:00 AM when he would sip his small cup of coffee at the tiny café in the town square. Afterward, he would stroll to the local library, where he often perused old books that had been gathering dust on the shelves for years.

One frosty December morning, while browsing through the back corner of the library, he stumbled upon an old, bound book. The title read "The History of Bavarian Soldiers," and the publication date was barely legible. Curious, Dr. Weber opened the book and noticed a yellowed piece of paper tucked between the pages. It looked like a letter.

The handwriting was flowing, and the ink had faded slightly. At the top, the words "To my beloved Lutz" were written. His curiosity piqued, Dr. Weber began to read.

"My beloved Lutz,

If you find this letter, I hope you are healthy and well. The days here at the hospital are slow, and the walls are cold and empty. But my thoughts are with you, especially now as Christmas approaches.

I remember our evenings at the mulled wine stand at the Christmas market and the promise you made to me—that we would be there again someday. I hope that promise still stands.

Yours, Therese."

Dr. Weber couldn't help but feel a strange warmth fill him. Who were Lutz and Therese? Had Lutz ever received this letter? Was Therese still alive, and what had become of their love? A mysterious puzzle was taking shape, and his quiet days in Hohenschwangau were about to take an exciting turn.

In the following days, Dr. Weber combed through countless documents in the library and spent hours with old newspaper clippings in the town archive. Eventually, he found a clue about a soldier named Lutz Schreiber who had served in World War II. It turned out that Lutz was from the neighboring village of Füssen and had indeed been engaged to a woman named Therese.

But fate seemed to have been cruel. Therese had passed away before Lutz returned from the war. Lutz, it was said, had never married another woman and lived a reclusive life until his death in the 1970s. Dr. Weber felt a sad romance in this story, one that had transcended time.

On Christmas Eve, Dr. Weber decided to visit the Christmas market in Hohenschwangau, exactly where Lutz and Therese had spent their evenings. The market was lively, the air filled with the scents of roasted almonds and mulled wine, and the laughter of people mixed with the music.

Dr. Weber let his gaze wander and imagined how Lutz and Therese might have stood there hand in hand, under the twinkling lights of the market. Suddenly, he spotted an elderly woman at one of the stalls selling small carved angels. Something about her seemed familiar.

He approached and asked the woman about her story. She introduced herself as Maria Schreiber—the niece of Lutz. "Yes, my Uncle Lutz often spoke of his Therese," she said with a gentle smile. "He could never forget her, you know? Every year at Christmas, he would place a small angel on her grave and say that she would always protect him."

Dr. Weber felt a knot loosen in his chest. The letter may not have reached Lutz, but the memory of Therese had stayed with him throughout his life. At that moment, Dr. Weber decided that the letter should not gather dust in the library. He would return it—to Maria, the last living memory of Lutz and Therese.

He pulled the yellowed letter from his pocket and handed it to Maria. She looked at him in surprise, tears shimmering in her eyes. "Is this really from her?" she whispered. Dr. Weber nodded. "It belongs with the family," he said quietly.

Together, they drank mulled wine and listened to the Christmas sounds of the market. They spoke about Lutz, Therese, and the secrets that life sometimes keeps to itself. For Dr. Weber, it was the beginning of a new Christmas tradition—keeping the memory of the past alive and cherishing the love that even time itself could not erase.

Ein Festmahl der Erinnerung

Jedes Jahr am Heiligabend verwandelte sich die Villa von Maximilian Lenz in ein strahlendes Märchen aus Lichtern, festlichen Dekorationen und köstlichen Düften. Die Villa, umgeben von schneebedeckten Hügeln, lag außerhalb Münchens und strahlte in dieser Nacht mehr als jeder Palast. Herr Lenz, wie ihn seine Angestellten respektvoll nannten, war ein wohlhabender Geschäftsmann mit einer Vorliebe für das Extravagante und eine Aura des Geheimnisvollen, die seine Gäste zugleich anzog und respektvoll auf Abstand hielt.

Clara, die erst vor wenigen Monaten in der Firma angefangen hatte, war die jüngste Mitarbeiterin und zum ersten Mal bei diesem berühmten Fest eingeladen. Während die Kutschen der Gäste eintrafen, staunte sie über die elegante Kleidung und das schillernde Ambiente. Die Frauen trugen funkelnde Juwelen und seidene Kleider, die Männer klassische Anzüge und Krawatten, während der Duft von Stollen und feinem Riesling durch die Hallen schwebte.

Als die Gäste in den Speisesaal geführt wurden, staunte Clara über die prachtvolle Dekoration. Opulente bayerische Gemälde zierten die Wände, Kristallleuchter warfen sanftes Licht auf das lange, fein gedeckte Tafel, die reichlich mit silbernem Besteck und feinem Porzellan gedeckt war. Ein riesiger Stollen in der Mitte der Tafel, umgeben von Tannenzweigen und roten Kerzen, war das Meisterwerk des Abends.

Doch trotz des Glanzes schien Herr Lenz nachdenklich. Während er mit charmantem Lächeln seine Gäste begrüßte und dabei jedem die Hand reichte, ruhte sein Blick oft auf dem Kamin, wo ein vergilbtes Schwarz-Weiß-Foto in einem silbernen Rahmen stand. Clara war neugierig, wagte es jedoch nicht, ihn darauf anzusprechen.

Beim Abendessen wurde feiner Riesling serviert, begleitet von traditionellen bayerischen Delikatessen und einem Lammbraten, der in einer aromatischen Kräutersoße schimmerte. Die Gäste plauderten, lachten und stießen auf die Festtage an, doch Clara bemerkte die leise Melancholie in Herrn Lenz' Augen, wenn er auf das alte Foto blickte.

Nach dem Hauptgang fand Clara schließlich den Mut, Herrn Lenz anzusprechen, als er für einen Moment allein am Kamin stand. Sie nickte zu dem Foto und fragte leise: „Ist das jemand Besonderes für Sie, Herr Lenz?"

Er lächelte sanft, jedoch mit einem Hauch von Traurigkeit. „Das ist Sophia," antwortete er, „die Liebe meines Lebens. Damals, vor fast vierzig Jahren, war ich jung und hatte das Gefühl, dass mir die Welt zu Füßen lag. Sophia und ich waren verlobt, und wir träumten davon, gemeinsam durch Europa zu reisen, ein kleines Haus am Meer zu kaufen und ein einfaches Leben zu führen."

Er hielt inne, als ob er in die Vergangenheit zurückschaute. Clara spürte die Schwere in seiner Stimme und wollte ihm nicht ins Wort fallen. Nach einem Moment der Stille fuhr er fort: „Doch dann kam das Geschäft. Ich wurde ehrgeizig, wollte immer mehr und dachte, das Leben könnte warten. Sophia aber – sie wollte ein Leben im Hier und Jetzt, kein Leben, das ständig auf später verschoben wird."

Maximilian nahm einen tiefen Atemzug und sah Clara direkt in die Augen. „Wir haben uns getrennt. Sophia zog weiter, ich blieb zurück und baute mein Geschäft auf. Jedes Jahr zu Weihnachten denke ich an sie und stelle mir vor, wie unser Leben gemeinsam hätte sein können. Dieses Fest – dieses prachtvolle Fest – ist eine Erinnerung an das Versprechen, das ich ihr einst gab: dass wir Weihnachten immer besonders feiern würden."

Clara, bewegt von dieser unerwarteten Offenbarung, verstand nun, warum die Feier so überwältigend luxuriös war und doch gleichzeitig eine tiefe Melancholie ausstrahlte. „Haben Sie je wieder von ihr gehört?“ fragte sie vorsichtig.

Herr Lenz schüttelte den Kopf. „Nein. Doch ich hoffe, dass sie irgendwo glücklich ist, vielleicht mit einer Familie, die ihr die Freude bereitet hat, die ich ihr damals nicht geben konnte.“ Er lächelte leicht, als würde er sich in diesem Moment mit einem alten Kapitel seines Lebens versöhnen.

Die Glocken der nahen Kirche schlugen Mitternacht, und Herr Lenz hob sein Glas zu einem stillen, letzten Toast. Clara fühlte, dass dieser Moment eine Art Abschied bedeutete, ein stiller, versöhnlicher Abschied von der Vergangenheit. Für sie war es eine Lektion über Träume, Entscheidungen und die Wichtigkeit, im Leben zur rechten Zeit Prioritäten zu setzen.

Und so endete der Abend – mit einer Erinnerung, die so tief und doch unsichtbar war wie die kälteste Winternacht und die den warmen Glanz von Weihnachtslichtern trug. Maximilian Lenz blieb zurück, allein mit seinen Erinnerungen, während die Gäste nach und nach die Villa verließen und sich in die Kälte der Nacht begaben.

A Feast of Memories

Every year on Christmas Eve, the villa of Maximilian Lenz transformed into a radiant fairy tale of lights, festive decorations, and delicious aromas. The villa, surrounded by snow-covered hills, was located just outside Munich and sparkled more brightly that night than any palace. Mr. Lenz, as his employees respectfully called him, was a wealthy businessman with a taste for the extravagant and an aura of mystery that both attracted and kept his guests at a respectful distance.

Clara, who had only joined the company a few months ago, was the youngest employee and was invited to this famous gathering for the first time. As the carriages of guests arrived, she marveled at the elegant attire and dazzling ambiance. The women wore sparkling jewels and silk dresses, while the men donned classic suits and ties, and the air was filled with the scent of stollen and fine Riesling drifting through the halls.

As the guests were ushered into the dining room, Clara was stunned by the lavish decorations. Opulent Bavarian paintings adorned the walls, crystal chandeliers cast soft light over the long, finely set table, which was generously laid with silver cutlery and delicate porcelain. In the center of the table stood a massive stollen, surrounded by pine branches and red candles, the crowning piece of the evening.

Yet despite the grandeur, Mr. Lenz appeared thoughtful. While he greeted his guests with a charming smile and shook each hand, his gaze often lingered on the fireplace, where a yellowed black-and-white photo stood in a silver frame. Clara was curious but dared not ask him about it.

During dinner, fine Riesling was served, accompanied by traditional Bavarian delicacies and a roast lamb in an aromatic herb sauce. The guests chatted, laughed, and toasted to the holidays, but Clara noticed the quiet melancholy in Mr. Lenz's eyes whenever he looked at the old photo.

After the main course, Clara finally found the courage to approach Mr. Lenz when he stood alone by the fireplace. She nodded toward the photo and quietly asked, "Is that someone special to you, Mr. Lenz?"

He smiled softly, but with a hint of sadness. "That's Sophia," he replied. "The love of my life. Back then, almost forty years ago, I was young, and I felt like the world was at my feet. Sophia and I were engaged, and we dreamed of traveling through Europe together, buying a small house by the sea, and leading a simple life."

He paused, as if he were looking back into the past. Clara felt the weight of his voice and didn't want to interrupt him. After a moment of silence, he continued, "But then came the business. I became ambitious, wanted more, and thought life could wait. Sophia, though – she wanted to live in the here and now, not a life that was always postponed for later."

Maximilian took a deep breath and looked Clara directly in the eyes. "We parted ways. Sophia moved on, and I stayed behind, building my business. Every year at Christmas, I think of her and imagine what our life could have been like together. This feast – this magnificent feast – is a reminder of the promise I once made her: that we would always celebrate Christmas in a special way."

Clara, moved by this unexpected revelation, now understood why the celebration was so extravagantly luxurious yet also radiated a deep melancholy. "Have you ever heard from her again?" she asked gently.

Mr. Lenz shook his head. "No. But I hope that she is somewhere happy, perhaps with a family who has given her the joy that I couldn't give her back then." He smiled slightly, as if reconciling with an old chapter of his life.

The bells of the nearby church struck midnight, and Mr. Lenz raised his glass for a silent, final toast. Clara felt that this moment marked a kind of farewell, a quiet, reconciliatory parting from the past. For her, it was a lesson about dreams, choices, and the importance of setting priorities at the right time in life.

And so the evening ended – with a memory as deep and yet invisible as the coldest winter night, carrying the warm glow of Christmas lights. Maximilian Lenz remained behind, alone with his memories, as the guests gradually left the villa and ventured into the cold of the night.

Im Schatten der Engel

Der Schnee fiel leise und gleichmäßig, bedeckte die Dächer der Stadt und verwandelte die Straßen in eine stille, weiße Welt. Inmitten dieser Ruhe saß Hans allein in seinem Wohnzimmer, nur begleitet vom warmen Licht einer Kerze und dem sanften Ticken der alten Wanduhr. Vor ihm, auf einem kleinen Tisch, stand eine hölzerne Krippe, das gleiche einfache Kunstwerk, das er und seine Frau einst gemeinsam ausgesucht hatten, vor vielen Jahren in einem Weihnachtsmarkt im Herzen von Nürnberg.

Jede Figur in der Krippe – von den winzigen Engeln bis hin zu den bescheidenen Hirten – war ihm vertraut, doch heute schienen sie lebendiger als sonst. Vielleicht war es die Stille des Raumes, vielleicht die nahende Kälte der Nacht, die ihn dazu brachte, tiefer in die Erinnerungen einzutauchen. Mit jedem Blick auf die Figuren kehrten vergangene Weihnachtsfeste zurück, wie sanfte Schatten aus einer anderen Zeit, und die Erinnerung an seine geliebte Frau, die ihm jedes Jahr aufs Neue das Licht des Festes gebracht hatte.

Sein Blick fiel auf den Weihnachtsengel mit den goldenen Flügeln, der über der Krippe schwebte. Der Engel erinnerte ihn an das erste Weihnachten, das sie gemeinsam als Ehepaar verbracht hatten. Sie hatten damals eine kleine Wohnung in einem alten Münchner Viertel, die Heizung funktionierte kaum, und doch hatten sie das Zimmer mit ihrer Freude und Liebe erfüllt. Der Engel mit den goldenen Flügeln war ihr gemeinsames Symbol der Hoffnung gewesen, und sie hatte ihn über die Krippe gehängt, lächelnd gesagt: „Solange dieser Engel über uns wacht, wird alles gut."

Hans erinnerte sich an ihre Worte und lächelte schwach. Der Engel schien ihn jetzt anzublicken, als ob er ihm stumm Mut zusprechen wollte. Doch die Hoffnung von damals war nicht mehr die gleiche; sie war verblasst, wie der Engel selbst, dessen Flügel nun stumpf und matt schimmerten.

Er wandte seinen Blick zu den Hirtenfiguren – einfache Männer, die mit Schafen und einer Laterne erschienen waren. Sie erinnerten ihn an das Weihnachten, das sie auf dem Land verbracht hatten, bei Freunden, wo sie in einer kleinen Kapelle die Mitternachtsmesse besucht hatten. Der Klang der Kirchenglocken war durch die kalte Nacht getragen worden, klar und rein, und seine Frau hatte seine Hand genommen und geflüstert: „Hörst du das, Hans? Es ist, als würden die Engel selbst singen.“

Die Erinnerung war so lebendig, dass er glaubte, das Läuten der Glocken erneut zu hören. Ein schmerzhaftes Ziehen legte sich auf sein Herz. Es war die Sehnsucht nach diesen einfachen, kostbaren Momenten, nach ihrer Hand in seiner, nach der Wärme ihrer Nähe.

Zuletzt wanderte sein Blick zu den Tieren in der Krippe – ein Ochse, ein Esel und ein kleines Schaf, das sie zusammen gekauft hatten, weil seine Frau es so niedlich fand. Diese Figuren erinnerten ihn an das letzte Weihnachten, das sie gemeinsam verbracht hatten, bevor sie erkrankte. Sie hatten sich immer über die Tiere in der Krippe amüsiert, und seine Frau hatte jedes Jahr aufs Neue betont, wie wichtig auch die kleinsten und unscheinbarsten Figuren waren.

„Sieh nur, Hans,“ hatte sie gesagt, „sie sind genauso ein Teil des Wunders wie alle anderen. Manchmal sind die stillen, einfachen Seelen die größten Tröster.“ Damals hatte er die Worte einfach so angenommen, doch heute fühlte er sie tief in seinem Herzen. Vielleicht war es dieser Gedanke, der ihn nun tröstete – dass auch er, in seinem einfachen Leben, ein Teil des großen Wunders gewesen war.

Die Kerze warf flackernde Schatten auf die Krippenfiguren, und Hans spürte die Kälte des Raumes, die sich langsam in seine Glieder legte. Doch er hatte keine Eile, sich zu erheben. Hier, in der Nähe der Engel, der Hirten und der stillen Tiere, fühlte er sich seiner Frau nahe, als wären ihre Worte und ihre Liebe immer noch bei ihm, ein sanftes Licht inmitten des langen Winters.

Die Kirchenglocken begannen zu läuten, ihre Klänge trugen sich über die verschneiten Dächer und hallten in der Stille wider. Hans schloss die Augen und ließ sich von dem Klang erfüllen, als ob seine Frau ihm aus der Ferne antwortete, ein Zeichen aus der Ewigkeit, dass sie bei ihm war, im Schatten der Engel.

Und so saß er da, ein Mann allein mit seinen Erinnerungen, geborgen in der Stille und dem Geheimnis der Weihnacht. Die Engel schwebten über der Krippe, die Hirten wachten, und die Tiere ruhten in ihrer bescheidenen Ewigkeit. Und Hans, alt und müde, lächelte ein letztes Mal, während die Glocken verklangen und der Frieden des Heiligen Abends ihn umhüllte.

In the Shadow of the Angels

The snow fell quietly and steadily, covering the rooftops of the city and transforming the streets into a silent, white world. Amidst this calm, Hans sat alone in his living room, accompanied only by the warm glow of a candle and the soft ticking of the old wall clock. Before him, on a small table, stood a wooden nativity scene— the same simple work of art he and his wife had once chosen together, many years ago, at a Christmas market in the heart of Nuremberg.

Each figure in the nativity—from the tiny angels to the humble shepherds—was familiar to him, yet today they seemed more alive than usual. Perhaps it was the stillness of the room, perhaps the impending chill of the night, that caused him to dive deeper into his memories. With each glance at the figures, past Christmases returned like gentle shadows from another time, and the memory of his beloved wife, who had brought him the light of the season year after year, filled the room.

His gaze fell upon the Christmas angel with the golden wings, hovering over the nativity. The angel reminded him of the first Christmas they had spent together as a married couple. At that time, they had lived in a small apartment in an old Munich district, the heating barely working, yet they had filled the room with their joy and love. The angel with the golden wings had been their shared symbol of hope, and she had hung it above the nativity, smiling as she said, "As long as this angel watches over us, everything will be alright."

Hans remembered her words and smiled faintly. The angel now seemed to look at him, as if silently encouraging him. But the hope of those days was no longer the same; it had faded, like the angel itself, whose wings now appeared dull and lackluster.

He turned his gaze to the shepherd figures—simple men with sheep and a lantern. They reminded him of the Christmas they had spent in the countryside, with friends, when they had attended the midnight mass in a small chapel. The sound of the church bells had carried through the cold night, clear and pure, and his wife had taken his hand and whispered, "Do you hear that, Hans? It's as if the angels themselves are singing."

The memory was so vivid that he believed he could hear the bells once again. A painful ache settled in his heart. It was the longing for those simple, precious moments, for her hand in his, for the warmth of her presence.

Finally, his gaze wandered to the animals in the nativity—a bull, a donkey, and a little lamb they had bought together because his wife had found it so cute. These figures reminded him of the last Christmas they had spent together before she fell ill. They had always amused themselves with the animals in the nativity, and his wife had stressed every year how even the smallest and humblest figures were important.

"Look, Hans," she had said, "they are just as much a part of the miracle as the others. Sometimes the quiet, simple souls are the greatest comforters." Back then, he had taken her words for granted, but today, he felt them deeply in his heart. Perhaps it was this thought that now brought him comfort—that even in his simple life, he had been part of the great miracle.

The candle cast flickering shadows on the nativity figures, and Hans felt the cold of the room slowly seep into his limbs. Yet he had no hurry to rise. Here, near the angels, the shepherds, and the quiet animals, he felt his wife close to him, as though her words and her love were still with him, a gentle light in the midst of the long winter.

The church bells began to chime, their sounds carrying over the snow-covered rooftops, echoing in the silence. Hans closed his eyes and allowed himself to be filled with the sound, as if his wife were answering him from afar, a sign from eternity that she was with him, in the shadow of the angels.

And so he sat, a man alone with his memories, sheltered in the stillness and mystery of Christmas. The angels hovered over the nativity, the shepherds stood watch, and the animals rested in their humble eternity. And Hans, old and weary, smiled one last time as the bells faded away and the peace of Christmas Eve wrapped itself around him.

Das Geschenk der Vergangenheit

Berlin, 1952. Der Schnee fiel in dichten Flocken und legte sich wie ein weißer Schleier über die Narben der Stadt. Die Kriegsruinen standen stumm, und die Kälte durchdrang die Straßen, in denen Menschen hastig vorbei eilten, das Gesicht gegen den eisigen Wind geschützt. Im Herzen dieser tristen Landschaft befand sich die kleine Wohnung der Familie Werner. Heute sollte sich die Familie das erste Mal seit vielen Jahren wieder treffen – und das zu Weihnachten.

Johanna Werner stand in der engen Küche und rührte in einem Topf. Sie hatte einen Eintopf vorbereitet, einfach und sparsam, doch mit den besten Zutaten, die sie bekommen konnte. Es würde kein Festmahl werden, aber sie hoffte, dass es zumindest den Anschein eines festlichen Essens erwecken würde. Auf dem Tisch hatte sie einen Teller mit Marzipanfiguren arrangiert, ein bescheidenes Festgeschenk, das an bessere Zeiten erinnern sollte.

Ihre Hände zitterten leicht, als sie an die bevorstehende Zusammenkunft dachte. Ihr Mann, Karl, den sie seit Jahren kaum gesehen hatte, hatte angekündigt, mit ihrem Sohn und ihrer Tochter zu kommen. Ihre Tochter Lotte war bei den Großeltern aufgewachsen und hatte kaum Erinnerungen an die Eltern. Ihr Sohn Wilhelm war damals als Soldat in den Krieg gezogen und hatte lange gebraucht, um aus der Gefangenschaft zurückzukehren. Vieles war unausgesprochen geblieben, und in der stillen Wohnung schwebte die Erinnerung an die vergangenen, schweren Jahre wie eine unsichtbare Last.

Das Klingeln an der Tür ließ sie zusammenzucken. Sie strich ihre Schürze glatt, atmete tief ein und öffnete die Tür. Karl stand dort, mit den beiden Kindern an seiner Seite. Lotte, inzwischen eine junge Frau, blickte unsicher um sich. Wilhelm hingegen hatte die schmalen Schultern eines Mannes, der zu viel gesehen hatte und dessen Seele schwer belastet war. Sie traten wortlos ein, die Kälte des Treppenhauses folgte ihnen in den warmen Raum.

Am Tisch herrschte Schweigen. Johanna servierte den Eintopf und beobachtete verstohlen die Gesichter ihrer Kinder. Lotte rührte in ihrem Teller, während Wilhelm starr geradeaus blickte. Karl versuchte, das Schweigen zu brechen und fragte beiläufig: „Und, wie läuft es in der Schneiderei, Lotte?" Doch Lotte zuckte nur mit den Schultern und murmelte eine Antwort.

Das Schweigen dehnte sich weiter, als wäre der Raum von unsichtbaren Wänden umgeben, die jede Annäherung verhinderten. Die Vergangenheit lastete schwer auf ihnen, die unausgesprochenen Worte, die verlorenen Jahre, die verletzten Gefühle. Jeder von ihnen trug seine eigenen Wunden, doch keiner wagte es, die der anderen zu berühren.

Nach dem Essen erhob sich Johanna und holte die Marzipanfiguren. „Ich dachte, das könnte uns an die alten Zeiten erinnern," sagte sie leise und legte die Figuren auf den Tisch – kleine Weihnachtsbäume, Sterne und Engel. „Früher habt ihr euch immer gefreut, wenn ich das Marzipan ausgepackt habe."

Wilhelm nahm eine der Figuren in die Hand, drehte sie langsam und schaute seiner Mutter in die Augen. In seinen Zügen lag eine Bitterkeit, die sich über die Jahre eingegraben hatte. „Die alten Zeiten," sagte er rau, „sind vorbei. Nichts wird wieder wie früher."

Johanna senkte den Blick. Sie wusste, dass ihre Abwesenheit in Wilhelms Leben wie ein offener, schmerzender Wunde war. Sie hatte nie die Worte gefunden, ihm zu erklären, warum sie ihn damals verlassen musste, warum sie ihn zu den Großeltern geschickt hatten. Alles war so schnell gegangen, der Krieg, die Angst, die Trennung. Wie konnte sie ihm all das erklären?

Doch bevor sie etwas sagen konnte, brach Lotte das Schweigen. „Ich verstehe dich, Wilhelm," sagte sie und ihre Stimme war voller Emotionen, die sie lange zurückgehalten hatte. „Wir alle sind verletzt. Aber vielleicht... vielleicht müssen wir versuchen, einander zu vergeben, damit wir weitermachen können."

Wilhelm sah sie lange an. Sein Blick war zunächst hart, doch dann schien etwas in ihm zu brechen. Er schüttelte den Kopf und legte das Marzipanstück vorsichtig zurück auf den Teller. „Vielleicht hast du recht, Lotte," flüsterte er. „Vielleicht sollten wir das Vergangene ruhen lassen."

Karl, der bisher geschwiegen hatte, räusperte sich. „Es tut mir leid," begann er, „für alles. Für die Entscheidungen, die wir getroffen haben, für die Wege, die wir gegangen sind. Wir haben Fehler gemacht, alle von uns. Aber... vielleicht ist das Geschenk der Vergangenheit, dass wir heute hier sitzen können, zusammen, und uns die Möglichkeit geben, neu anzufangen."

Es war ein zaghafter Anfang, doch die Worte von Vergebung und Reue füllten den Raum und verdrängten das lange Schweigen. Sie saßen da, eine Familie, zerrissen und verwundet, doch gewillt, die Bruchstücke wieder zusammenzusetzen. Die Vergangenheit konnte nicht geändert werden, aber an diesem Weihnachtsabend, im Schatten des Krieges und der Narben, die er hinterlassen hatte, fanden sie die Kraft, die ersten Schritte zu einem neuen Weg zu gehen.

Die Nacht war tief und still, doch in der kleinen Wohnung in Berlin erstrahlte ein leises Licht, ein Licht der Hoffnung und der Vergebung. Die Familie Werner saß vereint, und in der warmen Stille der Nacht schien das Geschenk der Vergangenheit ihnen zu zeigen, dass es immer einen Weg zurück gab – zurück zur Familie, zurück zur Liebe, zurück zum Leben.

The Gift of the Past

Berlin, 1952. Snow fell in thick flakes, covering the scars of the city like a white veil. The war ruins stood silently, and the cold permeated the streets where people hurried by, faces shielded from the icy wind. In the heart of this bleak landscape was the small apartment of the Werner family. Today, for the first time in many years, the family was to gather together again—for Christmas.

Johanna Werner stood in the cramped kitchen, stirring a pot. She had prepared a stew, simple and frugal, yet with the best ingredients she could manage. It wouldn't be a feast, but she hoped it would at least resemble a festive meal. On the table, she had arranged a plate of marzipan figures—a modest gift to remind them of better times.

Her hands trembled slightly as she thought about the upcoming reunion. Her husband, Karl, whom she had hardly seen for years, had announced he would come, bringing their son and daughter. Their daughter, Lotte, had been raised by the grandparents and had little memory of her parents. Their son, Wilhelm, had gone to war as a soldier and had taken years to return from captivity. Much had been left unsaid, and in the quiet apartment, the memory of those past, difficult years hung like an invisible weight.

The doorbell rang, making her jump. She straightened her apron, took a deep breath, and opened the door. Karl stood there, with their two children beside him. Lotte, now a young woman, looked around uncertainly. Wilhelm, on the other hand, had the narrow shoulders of a man who had seen too much and whose soul was weighed down by it. They entered silently, the cold from the stairwell following them into the warmth of the room.

At the table, there was silence. Johanna served the stew, watching her children's faces in a furtive glance. Lotte stirred her food, while Wilhelm stared straight ahead. Karl tried to break the silence, asking casually, "So, how's the work going in the tailor shop, Lotte?" But Lotte only shrugged and muttered a response.

The silence stretched on, as if the room were surrounded by invisible walls that prevented any connection. The past weighed heavily upon them, the unspoken words, the lost years, the wounded feelings. Each of them carried their own scars, yet none dared to touch the others' wounds.

After the meal, Johanna stood and brought out the marzipan figures. "I thought this might remind us of old times," she said softly, placing the figures on the table—little Christmas trees, stars, and angels. "You used to be so happy when I'd unpack the marzipan."

Wilhelm picked up one of the figures, turned it slowly in his hand, and looked his mother in the eye. There was a bitterness in his features that had settled over the years. "The old times," he said roughly, "are gone. Nothing will ever be like it was."

Johanna lowered her gaze. She knew that her absence in Wilhelm's life was like an open, bleeding wound. She had never found the words to explain to him why she had to leave him, why they had sent him to the grandparents. Everything had happened so quickly—the war, the fear, the separation. How could she explain all that to him?

But before she could say anything, Lotte broke the silence. "I understand you, Wilhelm," she said, her voice full of emotions she had long kept hidden. "We're all hurt. But maybe... maybe we need to try forgiving each other, so we can move on."

Wilhelm looked at her for a long time. His gaze was initially harsh, but then something seemed to break within him. He shook his head and gently placed the marzipan piece back on the plate. "Maybe you're right, Lotte," he whispered. "Maybe we should let the past rest."

Karl, who had remained silent until now, cleared his throat. "I'm sorry," he began, "for everything. For the decisions we made, for the paths we took. We made mistakes, all of us. But... maybe the gift of the past is that we can sit here today, together, and give ourselves the chance to start again."

It was a hesitant beginning, but the words of forgiveness and regret filled the room, pushing away the long silence. They sat there, a family, torn and wounded, but willing to piece themselves back together. The past couldn't be changed, but on this Christmas evening, in the shadow of the war and the scars it had left, they found the strength to take the first steps toward a new path.

The night was deep and still, but in the small apartment in Berlin, a quiet light shone—a light of hope and forgiveness. The Werner family sat united, and in the warm silence of the night, it seemed as if the gift of the past had shown them that there was always a way back—back to family, back to love, back to life.

Ein Winter im Harz

F rida zog den Mantel enger um sich, während der Wind durch die
Tannen pfiff und die Schneeflocken in wirbelnden
Tanzbewegungen über den Wald verstreute. Sie stand auf der Veranda
des alten Holzhauses, das sie für den Winter gemietet hatte, und ließ
ihren Blick über die weite, verschneite Landschaft schweifen. Die Stille
des Harzgebirges war überwältigend und allumfassend, als hätte die Welt
ihren Atem angehalten und lauschte nur noch dem sanften Rascheln des
Schnees.

Schon lange hatte sie sich nach dieser Einsamkeit gesehnt, nach einem
Ort, an dem sie ganz in sich versinken konnte, fernab der Hektik und des
Lärms der Stadt. Die Abgeschiedenheit hier in den Bergen bot ihr genau
das, was sie gesucht hatte – Stille, Zeit zum Nachdenken, und die endlose
Weite der Natur.

Tag für Tag ging Frida auf langen Spaziergängen durch die verschneiten
Wälder, ihre Stiefel hinterließen Spuren im frischen Schnee. Die Tage
vergingen in einer stillen Monotonie, die gleichzeitig befreiend und
beklemmend war. Sie beobachtete die Veränderung des Lichts, das Spiel
der Wolken über den Hügeln, die Art und Weise, wie der Schnee die
Landschaft formte, als würde die Natur selbst eine leere Leinwand
malen. Doch trotz dieser Schönheit nagte eine Unruhe in ihr, eine Leere,
die sich nicht füllen ließ.

Frida war Schriftstellerin, doch die Worte wollten nicht mehr fließen.
Seit Monaten starrte sie auf leere Seiten, suchte nach Inspiration, nach
jenem Funken, der sie wieder zum Schreiben bringen würde. Die
Isolation des Harzes sollte ihr helfen, dachte sie. Sie hoffte, dass die Natur

ihr jene verlorene Muse zurückgeben würde. Doch die Einsamkeit schien ihr manchmal nur das eigene Schweigen zu spiegeln.

Eines Abends, als sie in der kleinen Dorfkneipe am Rande des Waldes saß, lernte sie einige der Dorfbewohner kennen. Sie saßen dicht gedrängt in dem warmen, holzverkleideten Raum, das Feuer knisterte im Kamin und verbreitete ein angenehmes Licht. Die Menschen, die hier lebten, schienen eine Zufriedenheit auszustrahlen, eine Gemütlichkeit, die sie faszinierte. Die Bauern und Handwerker, die bei einem Glas Glühwein beisammensaßen, hatten eine stille Verbundenheit mit der Natur und der Jahreszeit, die sie tief beeindruckte.

Eine ältere Frau mit silbernem Haar, die sich als Anna vorstellte, setzte sich zu ihr und reichte ihr einen Teller mit frisch gebackenen Plätzchen. „Es ist selten, dass wir Besuch von einer Schriftstellerin bekommen," sagte sie und lächelte warm. „Wie gefällt es Ihnen hier im Winter?"

Frida zögerte und sah in Annas freundliche Augen. „Es ist wunderschön, aber auch ... herausfordernd. Manchmal weiß ich nicht, ob ich die Ruhe hier ertragen kann. Sie zwingt mich, Dinge zu fühlen, die ich vielleicht nicht fühlen möchte."

Anna nickte und blickte in ihr Glas. „Der Winter hat eine besondere Art, uns mit uns selbst zu konfrontieren. Viele von uns finden das schwer. Aber er kann auch ein Lehrer sein. Manchmal, wenn wir aufhören zu suchen, finden wir das, was wir eigentlich gebraucht haben."

Diese Worte hallten in Frida nach, als sie später in ihr Haus zurückkehrte und am Fenster stand, hinaus in die tiefschwarze Nacht blickend, in der der Schnee geheimnisvoll schimmerte. Vielleicht hatte Anna recht. Vielleicht war es nicht das Erzwingen der Worte, das sie wieder zum Schreiben bringen würde, sondern das Loslassen, das Akzeptieren der Stille.

In den folgenden Tagen fand Frida eine neue Art, die Dinge zu betrachten. Sie setzte sich nicht mehr an ihren Schreibtisch, um zu schreiben, sondern ließ sich von der Natur leiten, beobachtete die winzigen Veränderungen, die das Licht und der Schnee in die Landschaft brachten. Sie begann, die Dorfbewohner und ihre Geschichten in sich aufzunehmen, die kleinen Anekdoten und Erinnerungen, die sie mit ihr teilten. Diese einfachen Menschen, mit ihrer tiefen Verwurzelung im Leben, ließen sie etwas von ihrer eigenen Rastlosigkeit loslassen.

Und so, ganz allmählich, kehrten die Worte zurück. Nicht als geplante Sätze oder kunstvolle Geschichten, sondern als flüchtige Gedanken, als kleine Skizzen und Eindrücke, die sie auf Papier brachte. Sie schrieb nicht, um ein Buch zu vollenden, sondern um das zu erfassen, was sie erlebte. Die Worte waren kein Ziel mehr, sondern ein Begleiter, ein Spiegel der Landschaft um sie herum und der Ruhe, die sich in ihr breitmachte.

An Heiligabend, als die Kirchenglocken in der Ferne die Ankunft des Festes ankündigten, saß Frida am Fenster und sah, wie der Schnee sanft auf die Dächer der Fachwerkhäuser fiel. Ein leises Gefühl der Zufriedenheit durchströmte sie. Die Stille, die sie einst gefürchtet hatte, war zu einem Teil von ihr geworden, zu einer Quelle des Friedens, die sie nicht mehr missen wollte.

Frida wusste, dass sie bald in die Stadt zurückkehren würde, doch sie würde diesen Winter im Harz nie vergessen. Die Berge hatten ihr eine Lehre erteilt, die Worte zurückgebracht, die sie verloren geglaubt hatte. Sie hatte sich selbst in der Stille gefunden, und das war das größte Geschenk, das sie sich je hätte wünschen können.

A Winter in the Harz

———

Frida pulled her coat tighter around her as the wind whistled through the pines and the snowflakes danced in swirling patterns across the forest. She stood on the veranda of the old wooden house she had rented for the winter, gazing out over the vast, snow-covered landscape. The silence of the Harz Mountains was overwhelming and all-encompassing, as though the world had held its breath, listening only to the soft rustling of the snow.

For a long time, she had longed for this solitude, for a place where she could sink entirely into herself, far from the hustle and bustle of the city. The isolation here in the mountains offered her exactly what she had been seeking – quiet, time for reflection, and the endless expanse of nature.

Day after day, Frida took long walks through the snow-covered woods, her boots leaving traces in the fresh snow. The days passed in a quiet monotony that was both freeing and suffocating. She watched the change in the light, the play of the clouds over the hills, the way the snow shaped the landscape, as though nature itself were painting a blank canvas. Yet, despite this beauty, an unease gnawed at her, an emptiness that could not be filled.

Frida was a writer, but the words no longer flowed. For months, she had stared at empty pages, searching for inspiration, for that spark that would bring her back to writing. She had hoped that the isolation of the Harz would help, that nature would return her lost muse. But sometimes, the solitude seemed only to mirror her own silence.

One evening, as she sat in the small village pub at the edge of the forest, she met some of the locals. They sat close together in the warm, wood-paneled room, the fire crackling in the fireplace, casting a soft light. The people who lived here seemed to radiate a contentment, a coziness that fascinated her. The farmers and craftsmen, gathered around a glass of mulled wine, had a quiet connection to nature and the season that deeply impressed her.

An elderly woman with silver hair, who introduced herself as Anna, sat down next to her and offered her a plate of freshly baked cookies. "It's rare that we have a visitor from a writer," she said with a warm smile. "How do you like it here in the winter?"

Frida hesitated, looking into Anna's kind eyes. "It's beautiful, but also... challenging. Sometimes, I don't know if I can bear the quiet here. It forces me to feel things I may not want to feel."

Anna nodded and gazed into her glass. "Winter has a special way of confronting us with ourselves. Many of us find it hard. But it can also be a teacher. Sometimes, when we stop searching, we find what we really needed."

These words lingered in Frida's mind as she later returned to her house and stood by the window, gazing into the deep black night where the snow shimmered mysteriously. Perhaps Anna was right. Maybe it wasn't forcing the words that would bring her back to writing, but letting go, accepting the silence.

In the following days, Frida found a new way of looking at things. She no longer sat at her desk to write, but let herself be guided by nature, observing the small changes the light and snow brought to the landscape. She began to absorb the stories of the villagers, the little anecdotes and memories they shared with her. These simple people, deeply rooted in life, allowed her to let go of some of her own restlessness.

And so, little by little, the words returned. Not as planned sentences or elaborate stories, but as fleeting thoughts, small sketches and impressions that she wrote down on paper. She no longer wrote to finish a book, but to capture what she was experiencing. The words were no longer a goal, but a companion, a mirror of the landscape around her and the peace that was settling inside her.

On Christmas Eve, when the church bells in the distance heralded the arrival of the holiday, Frida sat by the window and watched the snow gently fall onto the roofs of the half-timbered houses. A quiet sense of contentment washed over her. The silence that she had once feared had become a part of her, a source of peace that she no longer wanted to be without.

Frida knew she would soon return to the city, but she would never forget this winter in the Harz. The mountains had taught her a lesson, had returned the words she thought she had lost. She had found herself in the silence, and that was the greatest gift she could have wished for.

Der Stern von Nürnberg

Leyla stellte die kleinen Holzfiguren sorgfältig auf dem Tisch ihres Standes auf. Die bunten Weihnachtssterne, die von der Decke hingen, leuchteten warm und zauberten ein magisches Licht über den Nuremberger Christkindlesmarkt. Dieser Markt war für sie etwas ganz Besonderes. Die Düfte von Glühwein, gebrannten Mandeln und frisch gebackenem Lebkuchen vermischten sich und schufen eine vertraute, herzliche Atmosphäre, die sie in dieser Stadt, die ihre zweite Heimat geworden war, oft vermisst hatte.

Es war Leylas erstes Jahr als Verkäuferin auf dem Markt, und sie freute sich darauf, neue Menschen kennenzulernen. Ihre eigenen Hände hatten die filigranen Sterne aus Papier geschnitten, genau so, wie sie es von ihrer Großmutter in der Türkei gelernt hatte. Die kleinen Figuren und Sterne waren nicht nur Dekorationen, sondern Erinnerungen an die Feste ihrer Kindheit.

Am Nachbarstand verkaufte Frau Hildegard ihre handgebackenen Lebkuchen, verziert mit Mandeln und kleinen Zuckergusssternen. Die ältere Frau war eine typische Nürnbergerin – groß, robust, und mit einem scharfen, durchdringenden Blick, der Leyla anfangs ein wenig einschüchterte. Sie schien nicht gerade gesprächig zu sein, und Leyla konnte nicht einschätzen, wie sie von der alten Dame aufgenommen werden würde.

Doch nach einigen Tagen des gemeinsamen Arbeitens auf dem Markt lächelte Frau Hildegard eines Morgens, als Leyla ihre Weihnachtssterne an die Stände der Marktbesucher verteilte. „Ihre Sterne sind wunderschön, junge Dame", sagte sie mit einem überraschend weichen Ton in der Stimme.

„Danke, Frau Hildegard. Ihre Lebkuchen sind auch unglaublich lecker! Ich kann nicht anders, als den Duft jeden Tag zu genießen," antwortete Leyla höflich, und ein wenig überrascht von der Freundlichkeit der alten Dame.

Nach und nach begannen die beiden Frauen, sich täglich zu unterhalten. Sie erzählten sich von ihren Familien, ihren Kulturen und ihren Erinnerungen an vergangene Weihnachtsfeste. Leyla sprach von den bunten Festen in Istanbul, wo der Duft von Gewürzen die Luft erfüllte, und von den Geschichten, die ihre Großmutter über die Sterne am Himmel erzählte. Frau Hildegard wiederum erzählte von den alten Traditionen Nürnbergs, von den kalten Wintern und den gemütlichen Abenden, an denen sie als Kind mit ihrer Familie Plätzchen buk und Weihnachtslieder sang.

„Wissen Sie, Leyla," sagte Frau Hildegard eines Abends, als die Lichter des Marktes schon leuchteten und das Gemurmel der Menschen leiser wurde, „ich habe nie viel über andere Kulturen nachgedacht. Für mich war Weihnachten immer typisch deutsch – mit unseren Liedern, unserem Lebkuchen und unserer Christkind-Tradition. Aber es ist schön, all das durch Ihre Augen neu zu entdecken."

Leyla lächelte dankbar und legte ihre Hand auf Frau Hildegards. „Und ich habe gelernt, wie viel Kraft in diesen alten Traditionen steckt. Es ist schön zu sehen, wie sehr Sie all das bewahren und weitergeben. Es gibt so viel, das wir voneinander lernen können."

Mit jedem Tag wurde ihre Freundschaft tiefer. Sie lernten, dass sie mehr gemeinsam hatten, als sie dachten – beide waren stark, beide hatten ihre Familien hinter sich gelassen, um für sich und ihre Lieben eine bessere Zukunft aufzubauen. Leyla in einem fremden Land, und Frau Hildegard durch die Prüfungen eines langen Lebens.

Am Heiligen Abend überraschte Frau Hildegard Leyla mit einem Geschenk. Es war eine kleine Lebkuchendose, auf deren Deckel ein handgemalter Stern prangte, genau wie die Sterne, die Leyla gebastelt hatte. „Das ist für Sie, Leyla. Ein Stern, der Sie an die Freundschaft erinnert, die hier auf dem Christkindlesmarkt entstanden ist."

Leyla war gerührt und umarmte die alte Frau. „Danke, Frau Hildegard. Sie haben mir gezeigt, dass man auch in der Fremde ein Zuhause finden kann, wenn man nur die Augen und das Herz offen hält."

An diesem Abend, als die Kirchenglocken über Nürnberg läuteten und der Marktplatz still wurde, gingen Leyla und Frau Hildegard gemeinsam durch die Gassen des Marktes. Der Schnee fiel sanft, und das Licht der Weihnachtssterne erhellte ihre Gesichter, während sie sich an die Momente der letzten Wochen erinnerten – an die Gespräche, das Lachen und die Tränen.

Der Stern von Nürnberg leuchtete heller als je zuvor, ein Symbol der Freundschaft und des Zusammenhalts in einer Welt, die manchmal von Verschiedenheiten geprägt scheint. Und in dieser Nacht wusste Leyla, dass sie eine Freundin fürs Leben gefunden hatte.

The Star of Nuremberg

Leyla carefully arranged the small wooden figures on her booth's table. The colorful Christmas stars hanging from the ceiling radiated a warm glow, casting a magical light over the Nuremberg Christkindlesmarkt. This market was something very special to her. The scents of mulled wine, roasted almonds, and freshly baked gingerbread mixed together to create a familiar, heartwarming atmosphere that she often missed in this city, which had become her second home.

It was Leyla's first year as a vendor at the market, and she was excited to meet new people. She had crafted the delicate stars from paper with her own hands, just as her grandmother had taught her in Turkey. The small figures and stars were not just decorations, but memories of the festivals from her childhood.

At the neighboring stall, Mrs. Hildegard sold her homemade gingerbread, decorated with almonds and tiny icing stars. The elderly woman was a typical Nuremberger – tall, sturdy, with a sharp, penetrating gaze that intimidated Leyla at first. She didn't seem particularly talkative, and Leyla couldn't tell how the older lady would accept her.

But after a few days of working side by side at the market, Mrs. Hildegard smiled one morning as Leyla handed out Christmas stars to the market visitors. "Your stars are beautiful, young lady," she said in a surprisingly soft tone.

"Thank you, Mrs. Hildegard. Your gingerbread is also incredibly delicious! I can't help but enjoy the scent every day," Leyla replied politely, a little surprised by the old lady's kindness.

Little by little, the two women began to talk every day. They shared stories about their families, cultures, and memories of past Christmas celebrations. Leyla spoke of the vibrant festivals in Istanbul, where the air was filled with the scent of spices, and the stories her grandmother used to tell about the stars in the sky. Mrs. Hildegard, in turn, told tales of old traditions in Nuremberg, the cold winters, and the cozy evenings when she and her family would bake cookies and sing Christmas carols.

"You know, Leyla," said Mrs. Hildegard one evening, as the lights of the market twinkled and the murmur of the crowd grew quieter, "I never thought much about other cultures. For me, Christmas has always been very German – with our songs, our gingerbread, and our Christkind tradition. But it's nice to rediscover all of that through your eyes."

Leyla smiled gratefully and placed her hand on Mrs. Hildegard's. "And I've learned how much strength there is in these old traditions. It's beautiful to see how much you preserve and pass on. There is so much we can learn from each other."

With each passing day, their friendship grew deeper. They learned that they had more in common than they had thought – both were strong, both had left their families behind to build a better future for themselves and their loved ones. Leyla in a foreign land, and Mrs. Hildegard through the trials of a long life.

On Christmas Eve, Mrs. Hildegard surprised Leyla with a gift. It was a small gingerbread box, with a hand-painted star on its lid, just like the stars Leyla had crafted. "This is for you, Leyla. A star to remind you of the friendship that has blossomed here at the Christkindlesmarkt."

Leyla was touched and hugged the old woman. "Thank you, Mrs. Hildegard. You've shown me that even in a foreign land, one can find a home if only one keeps their eyes and heart open."

That evening, as the church bells rang out over Nuremberg and the square grew quiet, Leyla and Mrs. Hildegard walked together through the market's alleys. The snow fell gently, and the light of the Christmas stars illuminated their faces as they recalled the moments of the past weeks – the conversations, the laughter, and the tears.

The star of Nuremberg shone brighter than ever, a symbol of friendship and unity in a world that sometimes seems shaped by differences. And that night, Leyla knew she had found a friend for life.

Die vergessene Krippe

Emil zog die staubige Kiste vorsichtig aus der Ecke des Dachbodens hervor. Ein feiner Schleier aus Staub wirbelte durch das schwache Licht des kleinen Fensters, als er den Deckel anhob. In der Kiste lagen alte Holzfiguren – Maria, Josef, das Jesuskind, Hirten, Schafe und sogar ein Engel mit goldenen Flügeln. Es war eine Krippe, die schon lange hier oben vergessen worden war.

„Oma! Schau mal, was ich gefunden habe!" rief Emil begeistert.

Seine Großmutter kletterte langsam die knarrende Treppe zum Dachboden hinauf und lächelte, als sie die Krippe sah. „Ach, die alte Krippe," sagte sie leise und streckte die Hand nach der Figur des kleinen Jesuskindes aus. „Diese Krippe ist schon viele, viele Weihnachten in unserer Familie. Sie war früher jedes Jahr unter dem Weihnachtsbaum."

„Warum habt ihr sie dann hier oben versteckt?" fragte Emil neugierig.

„Oh, das Leben wird manchmal hektisch, und die alten Dinge geraten in Vergessenheit," erklärte sie sanft und strich ihm über den Kopf. „Aber vielleicht ist es dieses Jahr an der Zeit, sie wieder hervorzuholen."

Zusammen nahmen sie die Figuren aus der Kiste und trugen sie vorsichtig nach unten ins Wohnzimmer. Emil staunte über die filigrane Handwerkskunst, die jede Figur ausstrahlte. Die Figuren waren handgefertigt, aus Holz geschnitzt und kunstvoll bemalt, mit abgenutzten Stellen, die von vielen Jahren der Liebe und des Gebrauchs zeugten.

„Erzähl mir von den Figuren, Oma," bat Emil, während er die Figuren vorsichtig mit einem Tuch abwischte.

Oma nahm die Figur von Maria und betrachtete sie liebevoll. „Das hier ist Maria, die Mutter von Jesus," begann sie. „Diese Figur ist besonders, weil sie von deinem Urgroßvater geschnitzt wurde. Er hat Maria extra ein sanftes Lächeln gegeben, weil er immer sagte, eine Mutter solle ihr Kind voller Liebe ansehen."

Emil nahm die Maria-Figur und betrachtete sie genau. Tatsächlich konnte er das sanfte Lächeln erkennen. Es machte die Figur lebendig, als würde sie ihn direkt ansehen.

Dann kam die Figur von Josef an die Reihe. „Josef war der Beschützer," erklärte Oma. „Er sorgte sich um seine Familie und fand die Krippe, in der Jesus geboren werden konnte."

Nach und nach nahm Emil jede Figur in die Hand. Da war ein Hirte, der ein kleines Lamm trug, das leicht abgeschabt war – ein Zeichen dafür, dass viele Hände es berührt hatten. Oma erzählte, wie die Figur bei Emils erstem Weihnachtsfest auf den Tisch gefallen war und eine kleine Schramme abbekommen hatte, die seitdem Teil ihrer Geschichte war.

Die letzte Figur, die sie herausnahmen, war der Engel mit den goldenen Flügeln. Oma hielt ihn in den Händen und betrachtete ihn still. „Der Engel wurde von meiner Mutter, deiner Urgroßmutter, bemalt," flüsterte sie. „Sie hat die Flügel extra in Gold gefasst, damit sie in der Dunkelheit leuchten."

Emil strahlte und hielt den Engel behutsam. Die goldenen Flügel waren wirklich besonders – auch wenn die Farbe an manchen Stellen abgeblättert war. Es war, als ob der Engel jedes Jahr auf die Familie gewartet hatte, um sie mit seinem Licht zu beschützen.

Als die Krippe aufgebaut war, setzten sie sich beide davor und betrachteten das fertige Bild. Es war kein perfektes, glattes Bild wie die modernen Krippen, die Emil in den Geschäften gesehen hatte. Diese

Krippe trug die Zeichen der Zeit, aber gerade das machte sie so besonders.

„Jedes Weihnachten haben wir eine neue Figur dazu gestellt," erzählte Oma leise. „Mal ein neues Schaf, mal einen Stern. Es war unser kleiner Adventskalender – jeden Tag eine neue Figur zur Krippe hinzufügen."

Emil blickte in die Gesichter der Figuren, die Geschichten seiner Familie trugen. Es war, als ob die Krippe lebendig wurde und von all den Weihnachtsfesten erzählte, die sie schon erlebt hatte.

„Oma," sagte Emil, „können wir dieses Jahr auch eine neue Figur dazu stellen? Damit die Krippe wieder zu unserer Familie gehört?"

Oma nickte mit einem warmen Lächeln. „Ja, mein Junge. Wir können ein kleines Symbol für unsere Familie hinzufügen. Und nächstes Jahr kannst du wieder etwas hinzufügen, damit die Krippe weiter wächst."

In dieser Nacht, während der Duft von Zimt und Nelken durch das Haus zog, legten Emil und seine Großmutter die Krippe unter den Weihnachtsbaum. Der Engel mit den goldenen Flügeln schien besonders hell zu strahlen, als ob er über die Familie wachte. Und Emil wusste, dass dies ein Weihnachtsfest sein würde, an das er sich immer erinnern würde – das Jahr, in dem die vergessene Krippe wieder zum Leben erweckt wurde und ein neues Kapitel in der Geschichte ihrer Familie begann.

The Forgotten Nativity

Emil carefully pulled the dusty box from the corner of the attic. A fine layer of dust swirled in the weak light of the small window as he lifted the lid. Inside the box were old wooden figures—Mary, Joseph, the baby Jesus, shepherds, sheep, and even an angel with golden wings. It was a nativity scene that had long been forgotten up here.

"Grandma! Look what I found!" Emil called out excitedly.

His grandmother slowly climbed the creaky stairs to the attic and smiled when she saw the nativity scene. "Ah, the old nativity," she said softly, reaching for the figure of the baby Jesus. "This nativity has been in our family for many, many Christmases. It used to sit under the Christmas tree every year."

"Why did you hide it up here then?" Emil asked, curious.

"Oh, life gets busy sometimes, and the old things are forgotten," she explained gently, patting his head. "But maybe this year, it's time to bring it out again."

Together, they took the figures out of the box and carefully carried them downstairs to the living room. Emil marveled at the delicate craftsmanship each figure radiated. The figures were handmade, carved from wood, and artistically painted, with worn spots showing the love and use they had experienced over many years.

"Tell me about the figures, Grandma," Emil asked as he gently wiped each one with a cloth.

Grandma picked up the figure of Mary and looked at it fondly. "This is Mary, the mother of Jesus," she began. "This figure is special because your great-grandfather carved it. He gave Mary a gentle smile because he always said a mother should look at her child with love."

Emil took the Mary figure and examined it closely. Indeed, he could see the soft smile. It made the figure come alive, as though she were looking directly at him.

Next came the figure of Joseph. "Joseph was the protector," Grandma explained. "He cared for his family and found the manger where Jesus could be born."

One by one, Emil took each figure in his hand. There was a shepherd carrying a small lamb, its surface slightly worn—a sign that many hands had touched it. Grandma told him how the figure had fallen onto the table during Emil's first Christmas and gotten a small scratch, which had since become a part of its story.

The last figure they took out was the angel with golden wings. Grandma held it in her hands and looked at it quietly. "The angel was painted by my mother, your great-grandmother," she whispered. "She specially framed the wings in gold so that they would shine in the dark."

Emil smiled brightly and gently held the angel. The golden wings were indeed special—though the paint had chipped in places, it was as if the angel had been waiting for the family every year to protect them with its light.

When the nativity was set up, they both sat in front of it and admired the completed scene. It wasn't a perfect, smooth display like the modern nativity scenes Emil had seen in stores. This one carried the marks of time, but that was exactly what made it so special.

"Every Christmas, we added a new figure," Grandma said softly. "Sometimes a new sheep, sometimes a star. It was our little advent calendar—every day, adding a new figure to the nativity."

Emil looked at the faces of the figures, each one carrying the stories of his family. It was as if the nativity had come alive and was telling him all the Christmases it had already experienced.

"Grandma," said Emil, "can we add a new figure this year? So the nativity belongs to our family again?"

Grandma nodded with a warm smile. "Yes, my boy. We can add a little symbol for our family. And next year, you can add something again, so the nativity keeps growing."

That night, as the scent of cinnamon and cloves filled the house, Emil and his grandmother placed the nativity scene under the Christmas tree. The angel with the golden wings seemed to shine especially brightly, as if watching over the family. And Emil knew that this Christmas would be one he would always remember—the year the forgotten nativity was brought back to life, and a new chapter began in the history of their family.

Das letzte Licht

Renate zog ihren Mantel enger um sich und ließ ihren Blick über die winterliche Dorfstraße schweifen. Es war das erste Mal seit Jahren, dass sie zurückkehrte, und in dieser kalten Dezembernacht schien alles zugleich vertraut und fremd. Die Häuser waren festlich geschmückt, Lichterketten hingen über den Straßen, und in fast jedem Fenster flackerte eine Kerze. Die vertrauten Weihnachtslichter strahlten eine Wärme aus, die selbst die tiefste Kälte nicht vertreiben konnte.

Als sie an dem kleinen Café vorbeiging, erinnerte sie sich an die Nachmittage, die sie als Kind dort verbracht hatte. Die Besitzerin, Frau Meier, war damals für ihre köstlichen Lebkuchen bekannt gewesen, und Renate konnte fast den Duft von Gewürzen in der Luft riechen. Doch das Café stand nun verlassen, die Fenster dunkel und still. Ein leises Gefühl von Wehmut überkam sie.

Renate ging weiter, ihre Schritte führten sie wie von selbst zur Kirche des Dorfes. Vor dem Tor blieb sie stehen und ließ ihren Blick über den Platz gleiten, wo die Lichter des Weihnachtsmarkts funkelten. Kinder lachten, und Menschen drängten sich an die kleinen Holzbuden, um heißen Glühwein und Bratäpfel zu kaufen. Der Anblick brachte Erinnerungen an vergangene Zeiten zurück, an Jahre, in denen sie mit ihrem Mann Robert Hand in Hand über diesen Platz geschlendert war.

„Renate?" Eine Stimme riss sie aus ihren Gedanken.

Sie drehte sich um und erkannte Helga, ihre alte Schulfreundin. Ein breites Lächeln erhellte das Gesicht der Frau, und sie schloss Renate in eine herzliche Umarmung.

„Ich hätte nie gedacht, dass ich dich hier wiedersehe," sagte Helga mit einem Funkeln in den Augen. „Es ist schön, dass du wieder da bist."

Renate lächelte schwach. „Ja, es war Zeit, wieder einmal zurückzukommen. Es ist seltsam... alles scheint sich verändert zu haben, und doch fühlt es sich so vertraut an."

Helga nickte und nahm Renate am Arm. „Komm, lass uns ein bisschen über den Markt schlendern. Ich zeige dir, was sich verändert hat – und was gleich geblieben ist."

Zusammen gingen sie an den Buden entlang, vorbei an den vertrauten Gesichtern der Dorfbewohner, die sie grüßten und ihr freundliche Blicke zuwarfen. Renate spürte, wie etwas Warmes in ihr erwachte, etwas, das sie seit langem vermisst hatte. Die Verbundenheit zu diesem Ort, das Gefühl von Zugehörigkeit, das in den letzten Jahren fast verloren gegangen war.

„Erinnerst du dich an die Lichterzeremonie?" fragte Helga und wies auf den großen Weihnachtsbaum in der Mitte des Marktplatzes. „Das letzte Licht wird immer am Heiligabend entzündet. Es symbolisiert Hoffnung und Zusammenhalt, weißt du noch?"

Renate nickte. Sie erinnerte sich gut an diese Tradition. Jedes Jahr hatten die Dorfbewohner am Heiligabend das letzte Licht angezündet, um daran zu erinnern, dass es selbst in den dunkelsten Zeiten ein Licht der Hoffnung gab. Robert hatte diese Tradition geliebt und darauf bestanden, dass sie jedes Jahr am Weihnachtsabend daran teilnahmen, selbst als seine Gesundheit nachließ.

Als die Nacht hereinbrach und die Lichter auf dem Markt zu leuchten begannen, fühlte Renate eine stille Freude. Sie wusste, dass diese Rückkehr kein Zufall war. Dieser Ort, mit all seinen Erinnerungen, seinen alten Freundschaften und Traditionen, schenkte ihr einen Trost, den sie lange nicht gespürt hatte.

Später an diesem Abend ging Renate allein zum Weihnachtsbaum und stellte eine kleine Kerze dazu. Sie schloss die Augen, atmete tief ein und ließ die Vergangenheit für einen Moment ruhen. Das Dorf und seine Lichter erinnerten sie daran, dass es im Leben nicht nur um Verlust, sondern auch um die Stärke ging, weiterzumachen.

Die Kerzen des Baumes flackerten und leuchteten hell, und in diesem Licht erkannte Renate, dass sie Teil von etwas Größerem war – einer Gemeinschaft, die sie willkommen hieß, die Erinnerungen bewahrte und in der das letzte Licht nie verlöschen würde.

The Last Light

Renate pulled her coat tighter around her and let her gaze wander down the winter village street. It was the first time in years that she had returned, and on this cold December night, everything seemed both familiar and foreign. The houses were festively decorated, strings of lights hung over the streets, and in nearly every window flickered a candle. The familiar Christmas lights radiated a warmth that not even the deepest cold could dispel.

As she passed the small café, memories of afternoons spent there as a child came rushing back. The owner, Mrs. Meier, had been known for her delicious gingerbread, and Renate could almost smell the spices in the air. But the café was now abandoned, its windows dark and still. A quiet feeling of nostalgia washed over her.

Renate continued walking, her steps almost guiding her on their own toward the village church. She paused at the gate and let her eyes drift across the square, where the lights from the Christmas market twinkled. Children laughed, and people crowded around the little wooden stalls, buying hot mulled wine and roasted apples. The sight brought back memories of years past, of times when she had strolled hand in hand with her husband, Robert, across this very square.

"Renate?" A voice broke her from her thoughts.

She turned around and recognized Helga, her old school friend. A broad smile lit up the woman's face as she enveloped Renate in a warm hug.

"I never thought I'd see you here again," said Helga, her eyes sparkling. "It's so good to have you back."

Renate smiled faintly. "Yes, it was time to come back. It's strange... everything seems to have changed, and yet it still feels so familiar."

Helga nodded and took Renate by the arm. "Come on, let's stroll around the market. I'll show you what's changed – and what's stayed the same."

Together they walked along the stalls, passing by familiar faces of villagers who greeted them with friendly glances. Renate felt something warm stir inside her, something she had longed for. The connection to this place, the sense of belonging, which had nearly been lost in recent years.

"Do you remember the lighting ceremony?" Helga asked, pointing to the large Christmas tree in the middle of the marketplace. "The last light is always lit on Christmas Eve. It symbolizes hope and unity, do you remember?"

Renate nodded. She remembered the tradition well. Every year, the villagers would light the last candle on Christmas Eve, to remind themselves that even in the darkest of times, there was a light of hope. Robert had loved this tradition, insisting that they participate every year, even as his health declined.

As the night fell and the lights on the market began to glow, Renate felt a quiet joy. She knew this return was no accident. This place, with all its memories, old friendships, and traditions, gave her a comfort she hadn't felt in a long time.

Later that evening, Renate walked alone to the Christmas tree and placed a small candle next to it. She closed her eyes, took a deep breath, and allowed the past to rest for a moment. The village and its lights reminded her that life wasn't only about loss, but also about the strength to carry on.

The candles on the tree flickered and burned brightly, and in that light, Renate realized that she was part of something bigger – a community that welcomed her, that preserved memories, and in which the last light would never fade.